Ovejas lanudas y cabras hambrientas

de Allan Fowler

Versión en español de Aída E. Marcuse

Asesores:

Dr. Robert L. Hillerich, Profesor Emérito de la Universidad
Estatal de Bowling Green, Bowling Green, Ohio

Mary Nalbandian, Directora de Ciencias
de las Escuelas Públicas de Chicago, Chicago, Illinois

Fay Robinson, Especialista en Desarrollo Infantil

CHILDRENS PRESS®
CHICAGO ®

Diseñado por Beth Herman Design Associates

Catalogado en la Biblioteca del Congreso bajo:

Fowler, Allan
    Ovejas lanudas y cabras hambrientas / por Allan Fowler.
      p. cm. –(Mis primeros libros de ciencia)
    Resumen: Provee información general sobre las ovejas, las cabras y algunos
de los productos que nos dan, como el queso y la lana.
    ISBN 0-516-06014-7
    1. Ovejas–Literatura juvenil. 2. Cabras–Literatura juvenil.
  [1. Ovejas. 2. Cabras.] I. Título. II. Series: Fowler, Allan. Mis primeros libros de
ciencia.
SF375.2.F69 1993
636.3–dc20   92-36366
                                                       CIP
                                                        AC

¿Sabías que en las Montañas Rocallosas hay ovejas y cabras salvajes?

Estas ovejas de cuernos grandes
y las cabras de las Rocallosas
pueden trepar las empinadas
laderas sin resbalar.

Pero la mayoría de las
cabras y ovejas viven en
granjas o haciendas.

La oveja macho es un carnero
o morueco; tiene grandes
cuernos ensortijados.

Las hembras se llaman ovejas – y muchas de ellas no tienen cuernos.

A sus crías, los corderos,
les encanta jugar, correr
y saltar.

Las ovejas pasan el día
pastando – comiendo pasto
– en los campos de pastoreo.

El pastor es la persona
que cuida a las ovejas.

Lo acompaña y ayuda
un perro muy listo.

12

A veces, un cordero se aleja del resto del rebaño.

Cuando esto sucede, el perro corre tras él y lo obliga a regresar, para que no se pierda.

Algunas ovejas, como las merino, son criadas por su lana.

Otras ovejas son criadas
por su carne.

La capa de lana de una
oveja crece constantemente.

Cada primavera las ovejas
son esquiladas, es decir,
se les quita la lana, como
ves aquí.

Pero no te preocupes – a
ellas no les duele para nada –.

En realidad, si las ovejas no
fuesen esquiladas, en verano
tendrían demasiado calor.

La lana es hilada, y con
sus hebras se hacen trajes y
vestidos, suéteres y abrigos –

y con ellos tú no pasas frío
durante el invierno –.

Algunas clases de cabras
también nos dan lana, como
la fina lana de angora.

La leche de cabra es excelente
para tomar y hacer queso.

Las cabras comen vegetales –
pasto, frutas, hojas, verduras,
y hasta corteza de árboles –.

Tanto los machos, llamados
machos cabríos, como las
hembras, llamadas cabras,
tienen cuernos.

23

Pero a las cabras criadas
en granjas generalmente
se los quitan; así no se
lastiman ni los enganchan
en las cercas.

Sólo los machos tienen barbas.

A veces la gente se comporta un poco como las ovejas o las cabras.

De alguien que es dulce y tranquilo se dice que es "manso como un cordero."

Cuando alguien es retozón y saltarín, decimos que es "ágil como una cabra."

Cuando la barba de un hombre se parece a la de una cabra, la llamamos "perilla" y, en algunos lugares, "chiva".

Como a las crías de las cabras, solemos llamar "cabritos" a los niños. ¡Y ellos no se "cabrean"!

Palabras que conoces

oveja   pastoreo   pastoreo

morueco   cuernos

oveja   cordero

macho cabrío   cabra   cabritos

pastor   rebaño

esquilar   merinos   lana

31

Índice

Acerca del autor:

Allan Fowler es un escritor independiente, graduado en publicidad. Nació en New York, vive en Chicago y le encanta viajar.

Fotografías:

Animals Animals – ©Adrienne T. Gibson, 14, 31 (abajo derecha); ©John L. Pontier, 22

PhotoEdit – ©Alan Oddie, 6, 23, 30 (abajo izquierda); ©David Young-Wolff, 19; ©Myrleen Ferguson, 27

SuperStock International, Inc. – ©R. Smith, 5; ©Schuster, 7, 30 (abajo derecha); ©VanHoorick, 9, 30 (arriba); ©Conrad Sims, 11 (centro derecha); ©E. Carle, 15; ©BL Productions, 17, 31 (abajo izquierda); ©T. Rosenthal, 24, 31 (arriba derecha); ©Kris Coppieters, 31 (centro derecha)

Valan – ©J.A. Wilkinson, Tapa; ©Wayne Lankinen, 4 (izquierda); ©Val & Alan Wilkinson, 8; ©Phil Norton, 20; ©Kennon Cooke, 28

Visuals Unlimited – ©Ron Spomer, 4 (derecha); ©LINK, 12; ©William J. Weber, 21, 27 (recuadros); ©Gustav Verderber, 25, 31 (arriba izquierda); ©John D. Cunningham, 29

TAPA: Ovejas y cabras en el zoológico